Lachen wirkt

CliniClowns
Lachen ist die beste Medizin.

Mit dem Reinerlös dieses Büchleins wird die Arbeit
der CliniClowns unterstützt. Ihr Ziel ist es,
schwer- und chronisch kranken Kindern sowie Erwachsenen
ein Lachen und damit einen Hauch Lebensfreude
an die Krankenbetten zu bringen.

Lachen ist die beste Medizin.

Davon sind auch wir CliniClowns voll und ganz
überzeugt. Deshalb haben wir es uns zur Aufgabe
gemacht, ein Lachen an die Krankenbetten zu bringen.
Ein Lachen, das Menschen aufmuntern soll, denen es
im Moment nicht gut geht – ein Lachen, das ihnen
hilft, die Selbstheilungskräfte zu aktivieren.

Zugleich soll dieses Büchlein alle Leserinnen und Leser
zum Lachen und Spaß machen motivieren ...

... denn Lachen tut allen gut – auch DIR!

Wer lacht, aktiviert
seine inneren
Heilkräfte.

Warum wirkt Lachen Wunder?

Wissenschaftliche Studien belegen, dass Lachen gesund ist. Bei vollem Lachen sind über hundert Muskeln beteiligt - von der Gesichts- bis zur Atemmuskulatur. Damit wird deutlich tiefer geatmet als sonst. Das wirkt sich im ganzen Körper aus: Die Körperzellen werden mit mehr Sauerstoff versorgt und die Bronchien durchlüftet, Verbrennungsvorgänge gefördert, Muskeln entspannt, sowie Herz und Kreislauf angeregt. Gleichzeitig unterstützt Lachen die Heilungsprozesse im Körper. So bremst beispielsweise das Gehirn beim Lachen die Produktion von Stresshormonen wie Adrenalin und Kortison. Anspannung und Stress werden abgebaut. Zugleich wird beim Lachen verstärkt Serotonin ausgeschüttet, welches man auch als Glückshormon bezeichnet. Nach diesem Prinzip wirkt eine Lachtheraphie nicht nur bei Kindern, sondern auch bei Erwachsenen.

Die beste
Therapie für Glück
und Gesundheit
im Leben ist
so viel wie möglich
zu lachen.

Lachen macht frei.

Nun weißt du also: Lachen hat eine heilsame Wirkung – und das nicht nur auf unsere körperliche Verfassung, sondern auch auf unseren psychischen Zustand. Sobald wir lachen, vergessen wir unsere Ängste und fühlen uns freier, glücklicher und entspannter. Gerade dann, wenn es dir nicht gut geht, suche nach Möglichkeiten zu Lachen. Triff dich mit Freunden, die gerne Spaß haben und es lieben, gemeinsam zu lachen ... schau´ dir einen lustigen Film an ... ein witziges Kabarett oder etwas anderes, das deine Lachmuskeln aktiviert. Es gibt viele Möglichkeiten die positive Energie des Lachens aufs Neue zu entdecken und zu nützen.

In dem Augenblick,
in dem wir lachen,
haben Ängste
und Sorgen keinen
Platz mehr in
unseren Gedanken.

*Lachen macht alles
im Leben
ein bisschen leichter.*

Bei einem herzhaften Lachen
werden positive Gefühle im Gehirn aktiviert,
was wiederum im Körper
eine befreiende und entspannende
Wirkung erzielt.

Suche dir täglich
einen Grund zu lachen,
dann gelingen dir die
wundervollsten Sachen.

Durch das Lachen finden wir
leichter Zugang zu Kreativität,
Intuition und unbewussten Potentialen.

Fröhliche Musik
macht
fröhliche Menschen.

Kleiner Tipp für den Alltag:
Bist du einmal ganz „schlecht drauf",
hör´ fröhliche Musik und tanz´,
das baut dich auf.

Humor und Fröhlichkeit
sind Samenkörner
für Glück und Freude
in unserer Welt...

... und jeder einzelne von uns
hat es in der Hand,
etwas von diesem Glücks-Samen zu säen.
Es reicht dazu oft schon
ein kleines, liebevolles Lächeln.

Lachen vertreibt Stress,
darum verbringe
keinen Tag ohne zu lachen.

Ein bisschen Lachen zwischendurch
kann Wunder wirken.
Denn wenn du lachst, werden Stresshormone abgebaut
und Glückshormone ausgeschüttet.
Heitere Menschen sind deshalb nicht nur kreativer,
optimistischer und spontaner,
sondern auch zufriedener, weniger aggressiv,
beliebter und sozial erfolgreicher.

Lachen lässt die Welt
um uns aufblühen.

Wenn du lachst und fröhlich bist,
stimmst du die Menschen
um dich herum auch fröhlich
und lässt damit so manches Herz aufblühen –
und ganz sicher auch dein eigenes.

Eigentlich wäre es ganz einfach
glücklich zu sein,
so wie es uns
kleine Kinder zeigen.

Meist sind es die spontanen, einfachen „Sachen",
die unser Herz wirklich fröhlich machen –
das können wir vor allem von Kindern lernen.
Auch du solltest wieder öfter
das Kind in dir zum Vorschein bringen.

Schlechte Laune
ist wie Dreck –
die wisch' mal lieber
ganz schnell weg.

So wie unser Körper,
möchten auch unsere Gedanken täglich
liebevoll gepflegt werden,
damit sie frisch und sauber sind.

Wer über seine
eigenen Schwächen
lachen kann,
dem kann der
„Ernst des Lebens"
nicht mehr an.

Lerne auch über dich selbst zu lachen
und du wirst merken, dass du mit Humor
und Selbstironie viel leichter und entspannter
durchs Leben spazieren kannst.

Lachen tut der Seele gut,
öffnet dein Herz
und macht dir Mut.

Beim Lachen werden Humor, Kontaktfreude
und gegenseitige Akzeptanz entwickelt und verstärkt.
Indem die Gefühlsebene aktiviert wird, entsteht ein
liebevollerer Umgang mit unseren Mitmenschen
und auch mit sich selbst.
Eines sollte jedoch dabei stets beachtet werden:
Lachen tut dann gut, wenn wir miteinander lachen,
nicht übereinander. Jemanden auszulachen
bewirkt das Gegenteil.

*Mit jedem Lachen
fängst du Sonnenstrahlen
für dein Herz ein.*

Ein sonniges, fröhliches Herz leuchtet immer
und wird dir deinen Weg
auch an trüben Tagen erhellen.

Und noch etwas: Wer viel lacht,
darf sich über die schönsten Falten freuen:
Lachfalten machen Menschen
sympathisch und anziehend.

Es macht Sinn
ab und zu Unsinn
zu machen –
denn man bringt damit
andere zum Lachen.

Manche Menschen haben das Lachen verlernt,
weil Sorgen ihren „Lachschalter" blockieren.
Vielleicht gelingt es dir mit einem
kleinen, lustigen „Späßchen",
diesen Schalter für sie zu drücken.

WARNUNG
an alle Miesmuffel!

Lachen ist äußerst ansteckend
und kann selbst härteste
„Miesmuffler" fröhlich stimmen.
Die Medizin kennt derzeit
noch keinen sicheren Schutz
gegen diesen ansteckenden Virus!

Lachen ist   ansteckend.

Hier nochmals, was Lachen alles so bewirkt ...

-) reduziert die negativen Effekte wie z.B. Stress, die Ursache für viele Krankheiten der heutigen Gesellschaft

:-) erhöht die Sauerstoffanreicherung im Blut

:-) stärkt das gesamte Immunsystem

:-) fördert die Selbstheilungsprozesse bei Krankheiten

:-) Schmerzen können leichter ertragen werden oder verschwinden sogar ganz von selbst

:-) sorgt für unbewusstes richtiges, tiefes Atmen

:-) lässt Glückshormone (Endorphine) „ausschütten"

:-) aktiviert und stärkt das Herz-Kreislauf-System

:-) befreit die Atemwege

:-) regt den Stoffwechsel an

:-) regelt die Produktion von Cholesterin

:-) "massiert" das Zwerchfell und dadurch werden alle umliegenden Organe massiert, wobei der Darm profitiert

... und vieles mehr

... in drei Worten
zusammengefasst:

Lachen
wirkt
Wunder

Wir freuen uns über jede weitere Unterstützung

Die Visiten der CliniClowns Austria sind ein Geschenk
an die Spitäler und PatientInnen. Unser Verein ist gemeinnützig
und auf Spenden angewiesen. Der verantwortungsbewusste
Umgang mit Spendengeldern ist uns eine Selbstverständlichkeit.
Unser Vorstand und medizinischer Beirat arbeitet ehrenamtlich.

Spendenmöglichkeit

Spendenkonto UniCredit Bank Austria
IBAN: AT32 1200 0006 5624 3300, BIC: BKAUATWW
oder online unter www.cliniclowns.at/spenden/online

Weitere Spendenmöglichkeiten und Infos:

www.cliniclowns.at

Mehr Bücher und liebenswerte Geschenkartikel von werteART:

www.werteart.com

Idee, Konzept, Text: Kurt Hörtenhuber, Illustrationen: Johannes Böttinger
Erschienen im werteART Verlag, 4910 Ried, Austria – www.werteART.com